Für alle Eltern und
Geschwisterkinder von
besonderen Menschen

*For all parents and
siblings of people with
special needs*

Bibliografische Information der Deutschen Nationalbibliothek:
Die Deutsche Nationalbibliothek verzeichnet diese Publikation in der Deutschen Nationalbibliografie; detaillierte bibliografische Daten sind im Internet über http://dnb.d-nb.de abrufbar.

1. Auflage	November 2021
© 2021	edition riedenburg
Verlagsanschrift	Adolf-Bekk-Straße 13, 5020 Salzburg, Österreich
Internet	www.editionriedenburg.at
E-Mail	verlag@editionriedenburg.at
Lektorat	Dr. Heike Wolter, Regensburg
Fachlektorat	Prof. Dr. med. Ingo Kennerknecht, Humangenetik, Universität Münster
Translated to English	by Carola Kinzel, Leigh Fuller and Tessa Feller
Fotos	Portrait Anika u. Leilani Slawinski: © Yolanda vom Hagen
Illustrationen	© Anika Slawinski und Mei Hafner
Satz und Layout	edition riedenburg
Herstellung	Books on Demand GmbH

ISBN 978-3-99082-078-0

Anika Slawinski

MEINE KLEINE GROßE SCHWESTER macht die Welt sooo bunt!

MY LITTLE BIG SISTER makes the world sooo colorful!

edition riedenburg

INHALT

TABLE OF CONTENTS

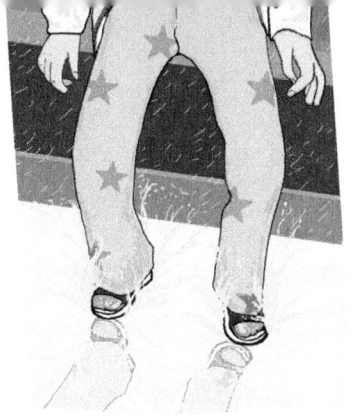

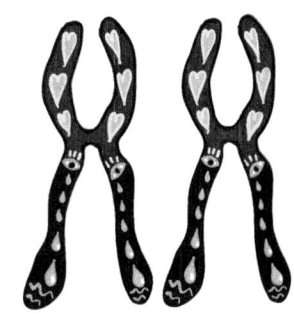

Kapitel 1: Liron und Leilani

Ich bin Liron und habe drei ältere Schwestern. Die jüngste von ihnen heißt Leilani. Sie ist zwar auch ein paar Jahre älter als ich, aber gefühlt meine „kleine" Schwester. Ich zeige dir, warum:

Chapter 1: Liron and Leilani

I'm Liron, and I have three older sisters. The youngest of them is called Leilani, and although she is a few years older than me, it often feels like she's actually my "little" sister. And now I'm going to tell you why:

Leilani ist die Allerbeste
im Eis-nicht-essen,
sondern Einfach-nur-
schmelzen-lassen.

*Leilani is the best person
I know at not eating ice
cream, preferring instead
to stare at it with delight
while it melts to the
ground.*

7

Sie isst gerne Ameisen und Gras, wenn Mama ihr nicht schnell genug „richtiges" Essen gibt.

She enjoys eating ants and grass when Mom forgets to give her "real" food in time.

8

Sie mixt in der Küche oft neue Rezepte zusammen – wie etwa Kaffee-Mehl-Orangensaft-Gummibärchen-Suppe.

She often creates new recipes in the kitchen – a coffee, flour, orange juice and jelly baby soup, for example.

Kapitel 2: Was Leilani gerne macht

Leilani läuft im Regen durch jede noch so tiefe Pfütze und merkt gar nicht, wie nass das ist.

Chapter 2: What Leilani likes doing

Leilani walks through every puddle in the rain, no matter how deep, and doesn't even notice how wet it feels.

11

Sie kann rekordverdächtig lang Sandkuchen am Strand kneten – bis die Sonne untergeht.

She's a champ at making sand pies on the beach until the sun goes down.

Und schaukeln – bis der Mond aufgeht.

And she'll happily swing on a swing until the moon rises.

Sie putzt schön feucht die Fensterscheiben mit ihrer Zunge, da sparen wir eine Menge Putzmittel und Zeit.

She washes the windows nice and clean with her tongue, which saves us a lot of both time and cleaning materials.

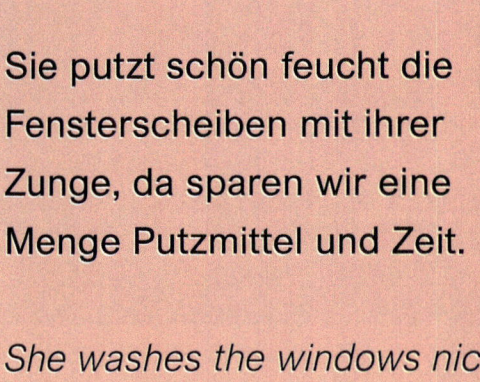

14

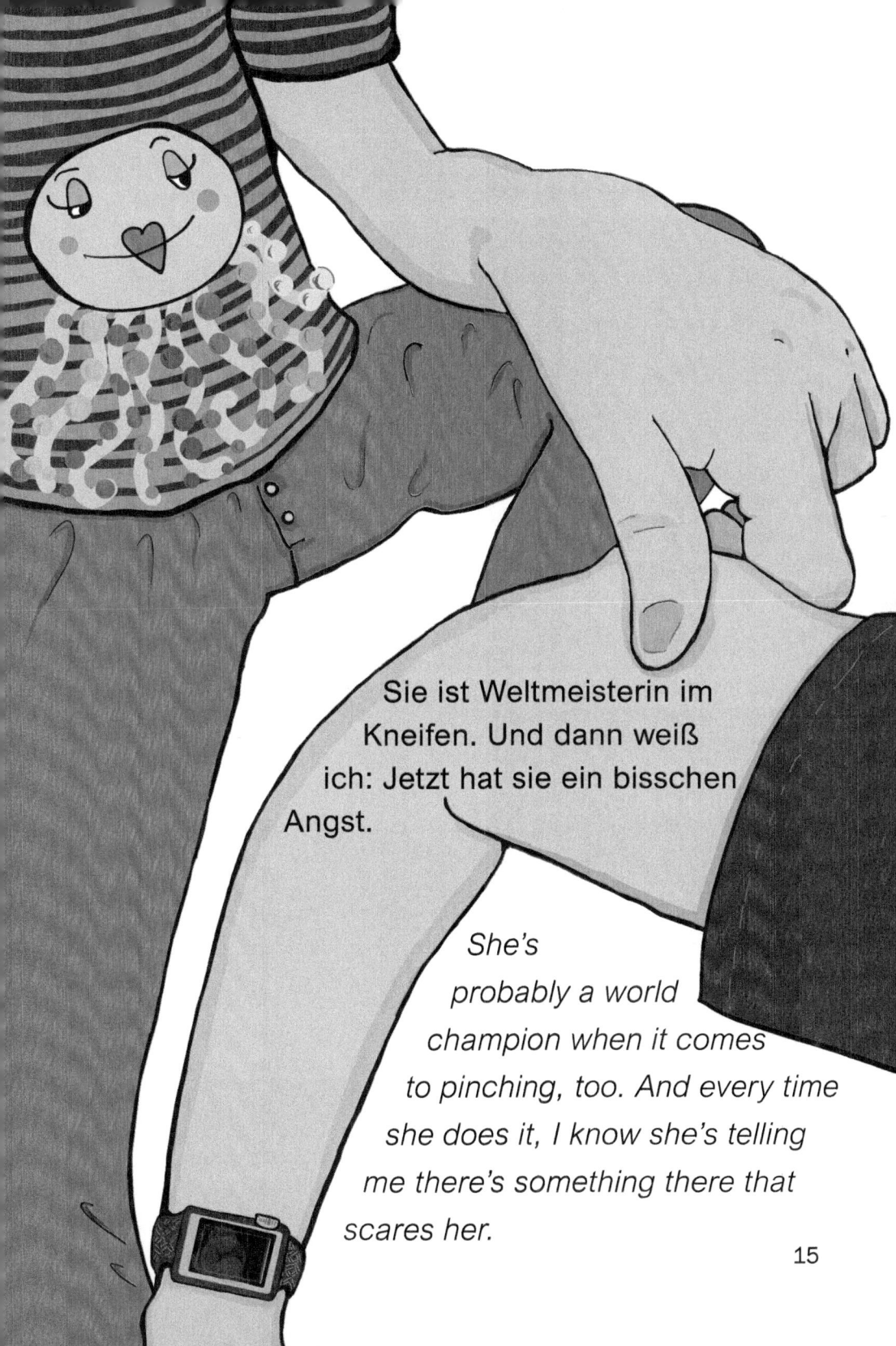

Sie ist Weltmeisterin im Kneifen. Und dann weiß ich: Jetzt hat sie ein bisschen Angst.

She's probably a world champion when it comes to pinching, too. And every time she does it, I know she's telling me there's something there that scares her.

Kapitel 3: Ein paar von Leilanis Angewohnheiten

Leilani geht auch mal mit voller Montur in die Badewanne, weil sie vergessen hat, sich vorher auszuziehen.

Chapter 3: A few of Leilani's habits

Sometimes Leilani hops in the bathtub fully clothed, because she has just forgotten to undress first.

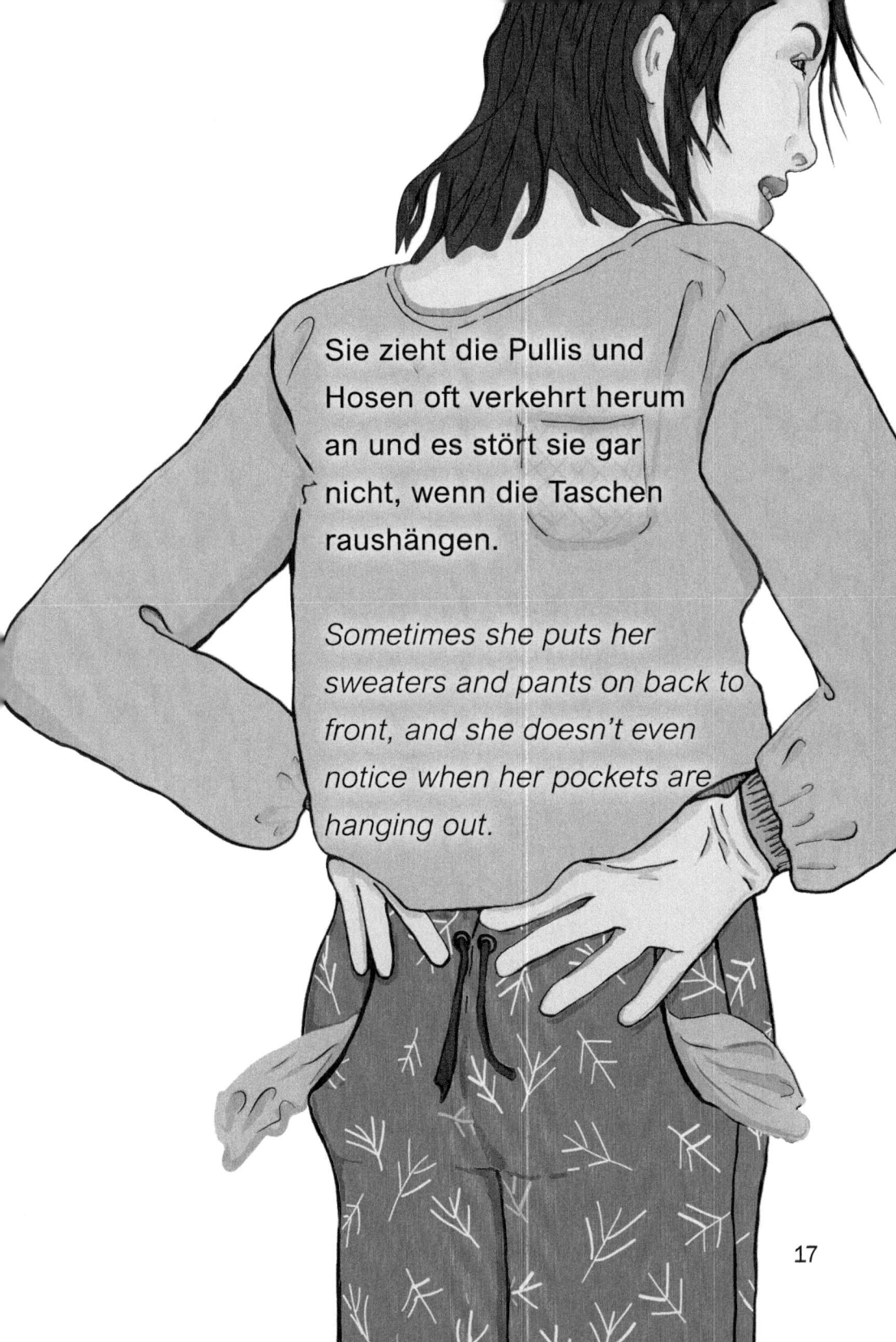

Sie zieht die Pullis und Hosen oft verkehrt herum an und es stört sie gar nicht, wenn die Taschen raushängen.

Sometimes she puts her sweaters and pants on back to front, and she doesn't even notice when her pockets are hanging out.

Sie mag Betten lieber zum
Hüpfen als zum Schlafen.

*She prefers bouncing on beds
to sleeping on them.*

Das macht sie dann
gerne auf dem Teppich.
Am liebsten mit ihren
99 Puppen.

*Sleeping is something
she'd rather do on the
floor. Preferably with all
ninety-nine of her dolls.*

Sie lässt jeden Ballon sofort
fliegen, lacht und freut sich,
dass er frei ist.

*She always lets every balloon fly
away immediately and laughs out
loud with joy that it is free.*

19

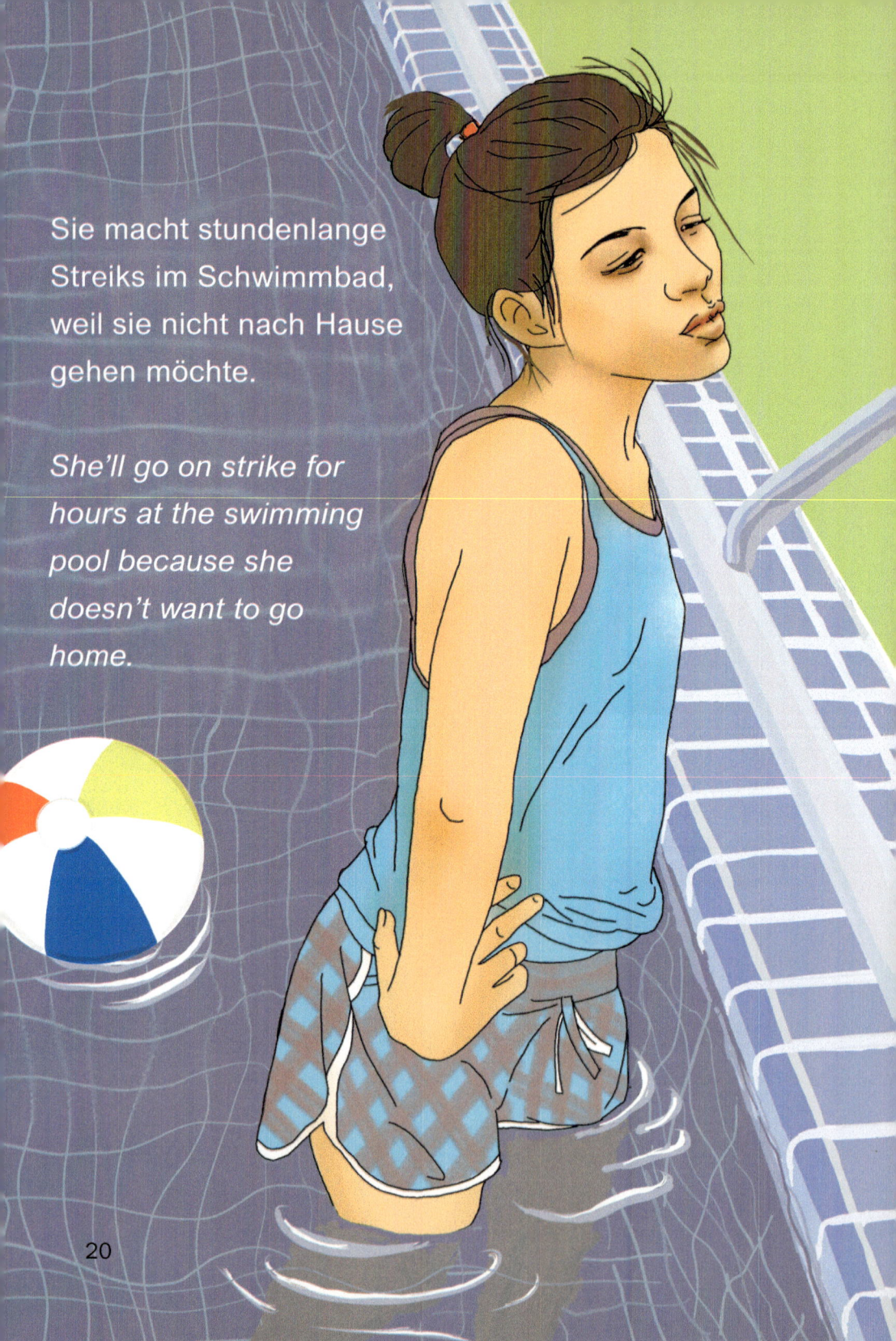

Sie macht stundenlange
Streiks im Schwimmbad,
weil sie nicht nach Hause
gehen möchte.

*She'll go on strike for
hours at the swimming
pool because she
doesn't want to go
home.*

20

Sie fährt mit ihrem Dreirad voller Begeisterung im Kreis, weil sie nicht geradeaus lenken kann.

Sie malt seit Jahren immer dasselbe Motiv – einen Fisch, weil das ihr Lieblingstier ist.

She rides her tricycle with huge enthusiasm, going round and round in circles because she can't steer it straight.

And she has been drawing the same picture for years – a fish – because that's her favorite animal.

Kapitel 4: Das passiert bei Leilani immer wieder

Sie wundert sich jedes Jahr aufs Neue, dass Schneeflocken kalt sind und man sie nicht behalten kann, so sehr man sich auch anstrengt.

Chapter 4: Things that happen again and again with Leilani

Every year she wonders at how cold snowflakes are, and that you can't keep them, no matter how hard you try.

Sie kann auch im Hochsommer einen Wintertag herbei zaubern. Mama weiß schon gar nicht mehr, wo sie ihre Füllwatte noch überall verstecken soll vor dieser Winterfee.

She can conjure up a winter's day even at the height of summer. Mom has run out of places to hide her kapok and wadding from this particular winter fairy!

Sie verkleidet ihren riesengroßen Plüschwal manchmal als Ballerina, aber am liebsten als Meerjungfrau. Ich glaube, sie ist eigentlich selbst eine verzauberte Meerjungfrau.

She dresses up her huge soft toy whale, sometimes as a ballerina, or most often as a mermaid. Actually, I think Leilani is an enchanted mermaid herself!

Der Wal darf sogar mit zum Zahnarzt. Dann verpasst Leilani ihm das übergroße Zahnmodell und er muss auch mal Zähneputzen.

She even takes her whale with her to the dentist. Leilani pushes the dentist's great big model of false teeth into its mouth, and then it also has to have its teeth brushed.

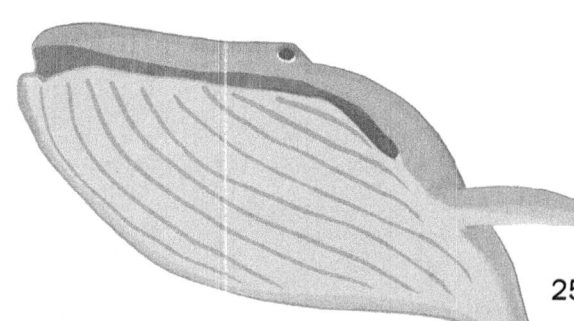

Sie liebt Geburtstag-
Haben und Party machen.
Aber nur, wenn wir
nicht singen. Und am
besten ohne Gäste. Die
Vorbereitungen reichen
schon.

*She loves her birthday and having
a party, but only if we don't sing. And she
likes it best without any guests. Just the
preparations are enough fun for her.*

Doch plötzlich macht sie – zack – das Licht
aus, Musik und Diskokugel an und tanzt,
was das Zeug hält.

*And yet she'll suddenly switch the lights off,
turn on the music and the disco ball, and
dance around wildly like there's no tomorrow.*

Sie kann in Dauerschleife alle Hits von Lady Gaga hören. Ihr Lieblingslied ist: „Born this way". Warum wohl?

She can listen to all of Lady Gaga's hits on a continuous loop for weeks. Her favorite song is "Born this way". Any ideas why that might be?

Kapitel 5: Leilani, das Zauberwesen

Chapter 5: Leilani the Magical

Wie du sicher gemerkt hast, ist meine große Schwester Leilani zwar älter als ich, aber sie benimmt sich, als wäre sie viel jünger. Ich bin sechs, sie ist zwölf – aber es fühlt sich an, als sei sie eine Dreijährige. Also eine „kleine" große Schwester.

As you'll have noticed, although my big sister Leilani is older than me, she still acts as if she was much younger. I am six, and she is twelve – but it feels more like she's a three-year-old. So that's why she's my "little" big sister.

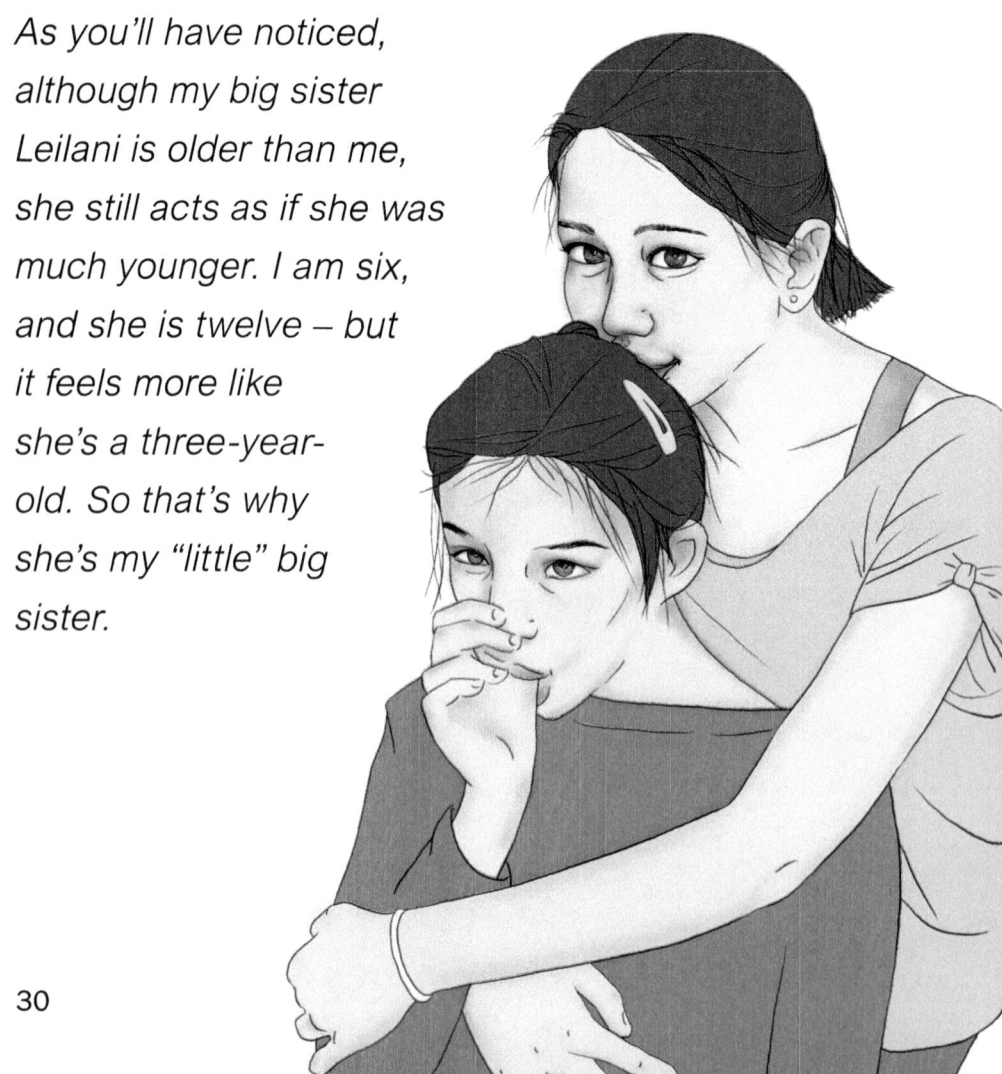

Leider ist es deswegen nicht immer einfach mit ihr. Gerade mit Menschen, die Leilani nicht kennen. Da gibt es manchmal Missverständnisse.

Unfortunately, that's also why it is not always all that easy with her. Especially when people don't know her. It leads to misunderstandings.

Ein Beispiel: Wenn Leilani dir kräftig auf den Arm haut, dann möchte sie eigentlich mit dir spielen.

If Leilani hits you a little too hard on your arm, for example, it's actually just because she wants to play with you.

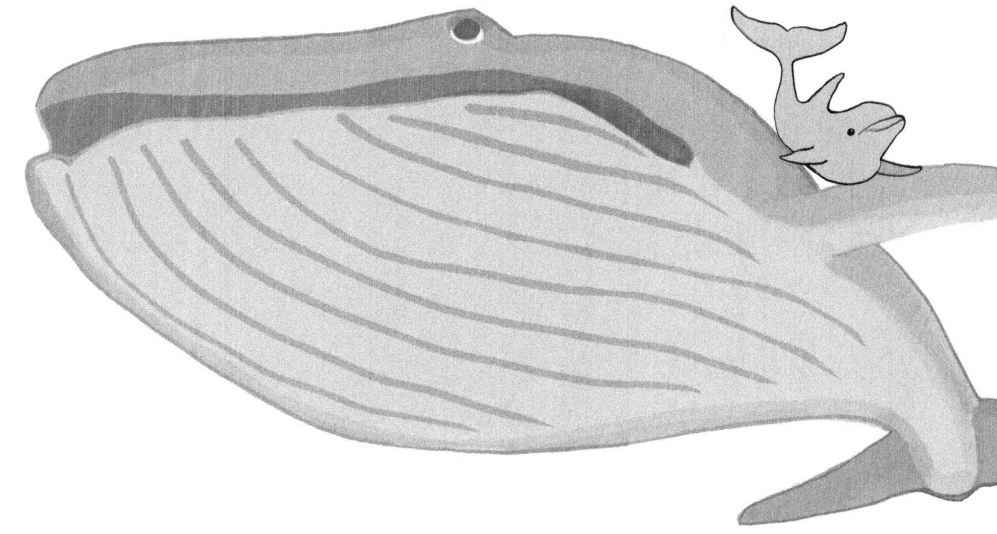

Du denkst jetzt Leilani sei schlecht erzogen, sehr frech oder gemein? Oder eine Knalltüte?

You may then think that Leilani isn't very well brought up, or that she's being cheeky or mean. Or maybe she just sounds a bit crazy to you?

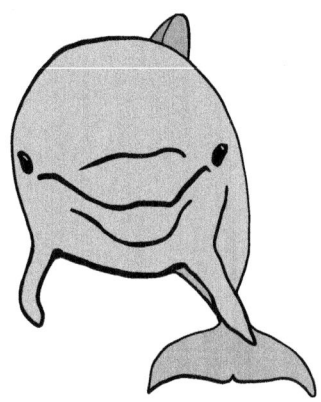

Nein, sie ist einfach nur behindert. Das heißt, sie denkt ganz anders als du. Sie ist „born this way", einfach so geboren. Sie kam mit einem genetischen Fehler zur Welt.

But no, she's just special. So she thinks in a completely different way to you. She was "born this way". She has a genetic disorder.

Manche Kinder fragen: Warum guckt sie so komisch? Warum steht sie so schief? Warum läuft ihre Spucke ständig am Kinn runter?

Some children ask why she stares like that, why she's so crooked, and why she just stands there with dribble running down her chin.

Leilani denkt nicht nur anders, sondern den genetischen Fehler sieht man ihr auch an. Sie hat eine Muskelschwäche im ganzen Körper. Auch ihre Stimmbänder sind zu schwach und ihr Gehirn kann die Sprechmuskeln nicht gut ansteuern. Deshalb kann sie nur einzelne Worte sprechen.

Aber sie zeigt mir alles mit ihren Händen.

It is not just that Leilani thinks differently. You can also see that she is disabled. She has weak muscles all over her body. Her vocal cords are weak, too, and her brain can't really control the muscles she needs for speech production. That's why she can only say a few words.

But she shows me exactly what she wants with her hands.

Ich lerne jeden Tag von Leilani – vor allem eins: Wir sind nicht perfekt. Und wir müssen nicht perfekt sein. Leilani kann unperfekt einfach toll. Damit hat sie mich verzaubert. Damit verzaubert sie auch andere.

I learn from Leilani every day – and one thing especially: that nobody is perfect. And we don't need to be perfect. Leilani is just perfect at being unperfect. And so she's got me completely under her spell, and she'll charm you, too, if you let her.

Vielleicht ist sie in Wirklichkeit ein seltenes Zauberwesen. Doch sie verzaubert nicht alle. Nur wer Leilani positiv entgegentritt und ohne Angst und Vorurteile auf sie zugeht, spürt ihren Zauber.

Maybe she is really a rare magical creature. Although not everyone is enchanted by her. Only those who greet Leilani with a smile and approach her without fear or prejudice will feel her magic.

Wie es sich anfühlt, von Leilani verzaubert zu werden, fragst du dich? Sie berührt dein Herz, so dass es ganz warm und wohlig um dich herum wird.

So now you're asking yourself what it must feel like to be charmed by Leilani? Well, she touches your heart, until it gets all cozy and warm around you.

Und wenn du sie zum Lachen bringst, was meinst du, was das dann mit dir macht?

Probier's aus!

And if you make her laugh, what do you think will happen to you?

Go on – just try it!

Alltagsrituale mit Leilani

Leilani's everyday rituals

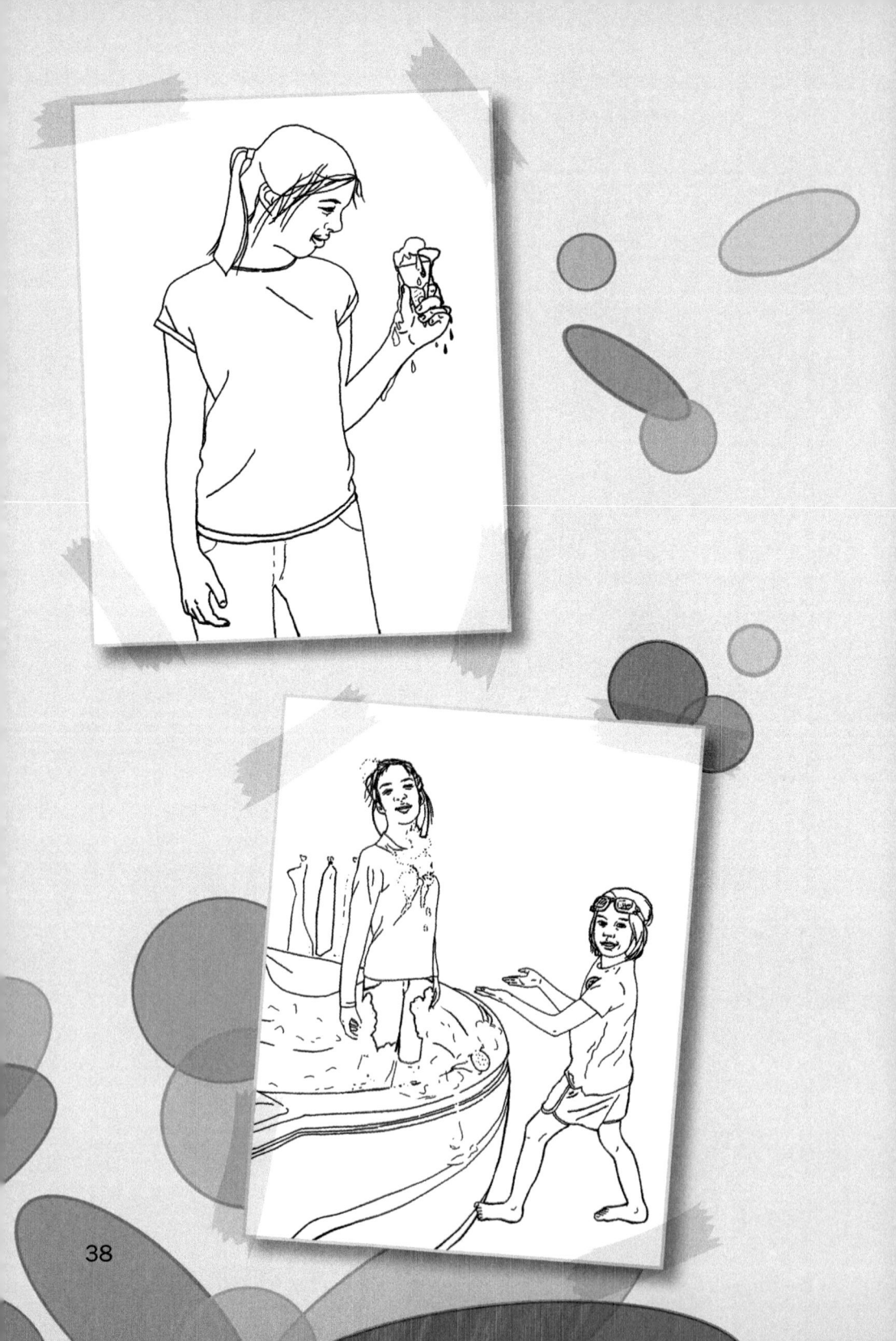

Rituale
Rituals

Ich liebe Leilani, wie sie ist, obwohl das Leben mit ihr manchmal echt anstrengend ist. Für mich ist Leilani trotz ihrer Besonderheiten – oder gerade deswegen – ein Lieblingsmensch in meinem Leben. Denn durch sie sehe ich die Welt ganz anders.

I love Leilani the way she is, even though life with her can sometimes be really exhausting. Despite her particularities – or in fact even because of them – Leilani is one of my favorite people. Because through her, I see the world in a different way.

Wenn Leilani dir erzählen könnte, was sie denkt, würde sie wohl sagen ...

If Leilani could tell you what she is thinking, this is probably what she'd say ...

Ritual 1

Eigene Ideen
Own Ideas

Genieße den Moment.

Lache jeden Tag, so
viel du kannst.

Koste Schnee, er ist
echt lecker.

Enjoy the moment.

*Laugh every day as
much as you can.*

*Try the taste of snow, it
really is delicious.*

Eigene Ideen
Own Ideas

Probiere Neues, denn erst dann weißt du, ob du es magst.

Mache ab und zu was Verrücktes.

Finde deinen eigenen Stil.

Try out new things, because only then will you know if you like it or not.

Do crazy new things from time to time.

Find your own style.

Ritual 3

Drücke deine Gefühle aus.

Vertiefe dich in die schönen Dinge – am besten ganz lange.

Werde mal richtig dreckig – und spring dann in die Badewanne (mit ganz viel Schaum).

Express your feelings.

Immerse yourself in the beautiful things in life – and for as long as possible.

Get yourself really dirty from time to time – and then jump into the bathtub (with lots and lots of bubbles).

Eigene Ideen
Own Ideas

Ritual 4

Liege am Strand und spüre
Sonne, Sand und Wasser.

Sei mit wenig glücklich
und suche die Dinge, die
dich glücklich machen.

Such dir Freunde.
Echte, aus Plüsch oder
ausgedacht – ganz egal.

*Lie on the beach and just
feel the sun, sand and water.*

*Be happy with very little in
life, and find the things that
make you happy.*

*Make lots of friends
(real ones, soft-toys, or
imaginary friends – it really
doesn't matter).*

Eigene Ideen
Own Ideas

Ritual 5

Eigene Ideen
Own Ideas

Sei offen und geduldig mit allen Menschen.

Meckere nicht.

Tue, was du gerne tust.

Be open and patient with everyone.

Don't complain.

Do what you love doing.

Ritual 6

Liebe dich so, wie du bist.

Liebe andere so, wie sie sind.

Verzaubere die Menschen um dich herum.

Love yourself as you are.

Love others as they are.

Delight the people around you.

Eigene Ideen
Own Ideas

Eine kurze Geschichte zu unseren Erbanlagen

A short story about our genetic makeup

Woraus bestehen wir?

Du musst dir vorstellen, dass jeder Mensch aus ganz vielen klitzekleinen Teilen besteht (fast wie Legosteine oder Puzzlestücke). Zu jedem Menschen gehört eine ganz genaue Bauanleitung. Nur wenn man exakt nach seiner persönlichen Aufbauanleitung zusammengesetzt ist, vor und nach der Geburt, dann funktioniert auch alles im Körper gut.

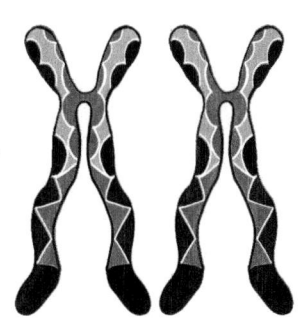

What are we made of?

You have to imagine that every person is made up of lots of very tiny parts (almost like Lego bricks, or the pieces of a puzzle). And there's a very special building plan for each individual. Everything in your body can only work correctly if you are put together exactly according to your own personal assembly instructions, before and after birth.

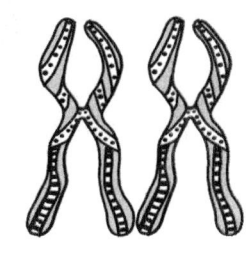

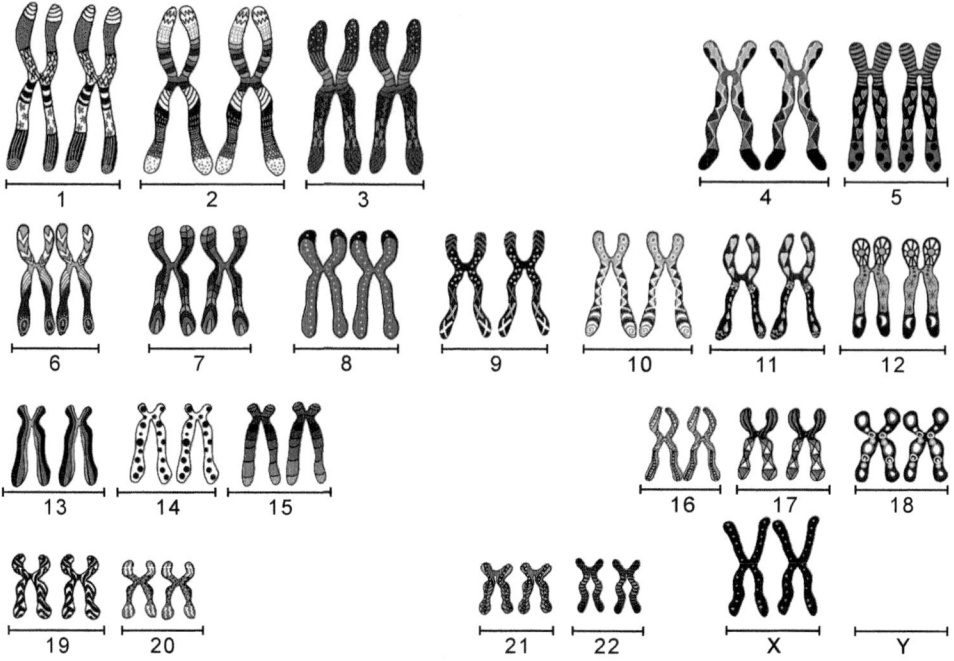

So sieht eine Bauanleitung für – in diesem Fall ein Mädchen oder eine Frau – aus und sie besteht aus diesen lustigen Dingern, welche man Chromosomen nennt und die man in jeder unserer Körperzellen findet. Jedes Chromosom haben wir zweimal, einmal von der Mutter und einmal vom Vater. Auf den 23 Chromosomenpaaren liegen alle Bauteile, genannt Gene, die dafür zuständig sind, wie man aussieht: Haar-, Haut-, Augenfarbe, Größe und vieles mehr.

These are the assembly instructions for a person – in this case a girl or a woman – and they consist of these funny things that we call chromosomes, which can be found in each of our body cells. We have every chromosome twice, once from our mother and once from our father. On these 23 pairs of chromosomes we find all the components, called genes, which are responsible for how we look: our hair, skin, eye color, size and much more.

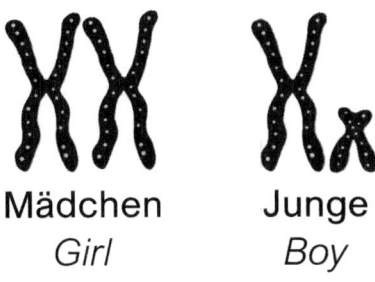

Mädchen
Girl
Junge
Boy

Das Chromosomenpaar 23 unterscheidet sich bei Mädchen und Jungen. Mädchen haben zwei X-Chromosomen und Jungen ein X-Chromosom und ein Y-Chromosom. Sie werden auch Geschlechtschromosomen genannt.

The pair 23 is different in girls and boys. Girls have two X-chromosomes and boys have one X-chromosome and one Y-chromosome. These are also called sex chromosomes.

Was ist ein genetischer Defekt?

Manchmal, wenn ein neuer Mensch entsteht, können sich Fehler in die Bauanleitung einschleichen. Dabei kann es passieren, dass ein oder mehrere Bauteile verloren gehen, vertauscht werden oder ein paar zusätzliche Bauteile, die noch irgendwo herumlagen, eingebaut werden. Das nennt man dann „Mutation" oder „genetischer Defekt" und das kann ganz ohne bestimmten Grund oder Vorwarnung passieren.

What is a genetic defect?

Sometimes when a new person is created, there can be mistakes in the assembly instructions. It can happen that one or more components get lost or mixed up, or that one or two additional components that were lying around somewhere may be installed. This is called a "mutation" or "genetic defect" and it can occur without any specific reason or warning.

Was macht ein genetischer Defekt?

Es kann sein, dass es durch so einen Fehler Probleme gibt. Bestimmte Fähigkeiten können gestört sein. Ein Mensch kann dann zum Beispiel nicht laufen oder sprechen. In seltenen Fällen können auch Organe betroffen sein.

Manchmal sieht man diese Besonderheiten auch äußerlich, aber nicht immer.

What does a genetic defect do?

A defect like this may cause problems. A particular bodily function, or even more than one, may not work well. The person might not be able to speak or to walk, for example. In rare cases there can also be an impact on the organs.

Sometimes you can see these peculiarities from the outside, sometimes you can't.

Welche genetischen Defekte gibt es?

Es können einzelne Gene defekt sein oder auch ganze Chromosomenstücke mit mehreren Genen zu wenig oder zu viel vorhanden sein. Alle Defekte sind selten und manche gibt es sogar nur bei ganz wenigen Menschen auf der Welt. Genetische Defekte haben Namen. Sie heißen nach dem Ort, wo im Bauplan etwas anders ist als bei anderen Menschen. Oder nach dem Wissenschaftler oder der Wissenschaftlerin, der oder die diese Besonderheit entdeckt hat. Oder danach, was dieser Gendefekt macht.

What genetic defects are there?

Individual genes can be defective, or sometimes entire chromosome pieces with too few or too many genes may be present. All defects are rare, and some are only found in very, very few people around the world. Genetic defects have names. They may be named after the place in the building plan where something is different from that of other people. Or after the scientist who discovered this particular defect. Or after what this particular genetic defect does to people.

Welchen genetischen Defekt hat Leilani?

Leilani hat das 5p-minus Syndrom. Das heißt, von einem der Chromosomen 5 ist ein Stück vom sogenannten kurzen Arm unauffindbar verloren gegangen.

What genetic defect does Leilani have?

Leilani has 5p-minus syndrome. This means that a piece of the so-called short arm of one chromosome 5 is missing.

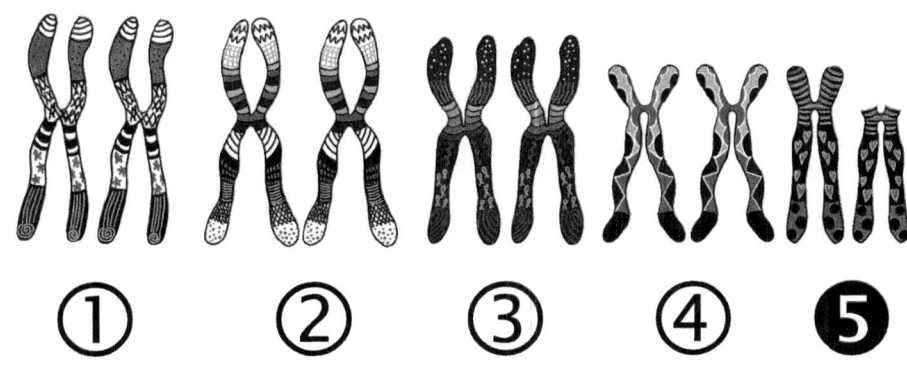

Das Syndrom haben Leilanis Eltern schon bald nach ihrer Geburt bemerkt, denn die Babys, die mit diesem Gendefekt geboren werden, hören sich oft an wie kleine Katzen, wenn sie weinen. Aus diesem Grund wird das Syndrom auch Katzenschrei Syndrom genannt. Kinder mit diesem Syndrom entwickeln sich langsamer und lernen manche Dinge überhaupt nicht. Deswegen braucht Leilani sehr viel Betreuung in ihrem Leben. Sie ist auf eine liebe Familie und verständnisvolle Mitmenschen angewiesen, die ihr bei vielen Tätigkeiten helfen und sich immer um sie kümmern.

Leilani's parents realized very shortly after she was born that she had this syndrome, because babies born with this genetic defect often sound like little kittens when they cry. This is why the syndrome is also known as cat's cry syndrome. Babies with this syndrome develop more slowly, and there are some things they do not learn at all. So they need a lot of care during their lives. They depend on having a loving family and understanding people around them to help them in their daily lives, and to take care of them always.

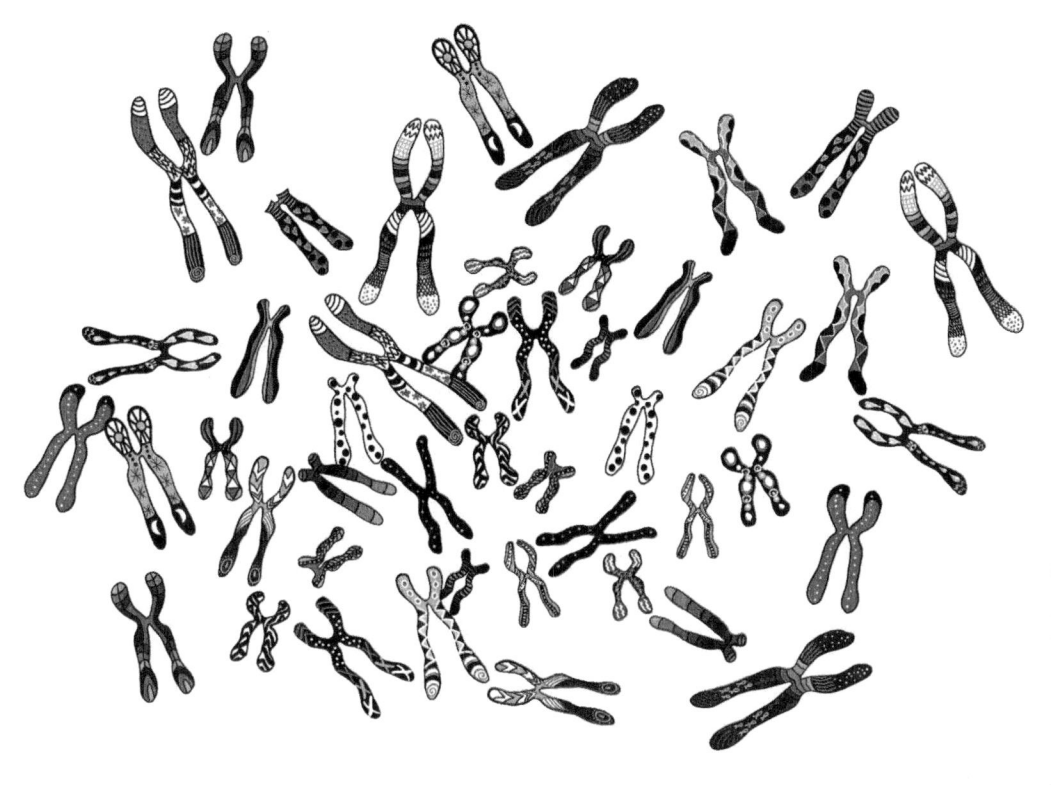

Hier siehst du – sehr stark vergrößert – die Erbanlagen von Leilani, so wie sie in jeder ihrer Zellen im Zellkern liegen.

Here you can see – very much enlarged – Leilani's genetic material, as it is in the nucleus of each of her cells.

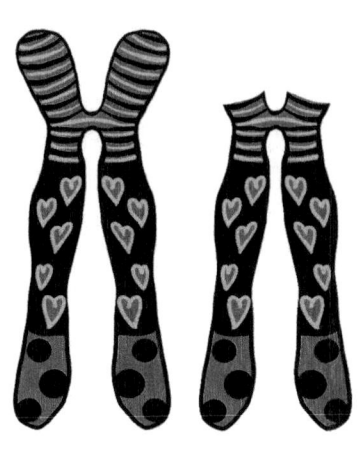

Beim Chromosom 5 auf dem vorherigen Bild erkennst du, was auch hier gezeichnet ist: Eines der beiden Chromosomen 5 ist bei Leilani in jeder Zelle ihres Körpers kaputt. Dieses Stück ist einfach so abgebrochen und verloren gegangen.

Die Bausteine, die fehlen, waren eigentlich wichtig. Ohne sie kann sie manche Sachen nicht gut lernen, und auch ihr Aussehen ist dadurch anders.

In chromosome 5 in the previous picture you can see what is also drawn here: one chromosome 5 is broken in every cell of Leilani's body. The piece just broke off and got lost.

The missing components were actually important. Without them, there are things she cannot learn very well, and her appearance is also different as a result.

Übrigens: Damit die Chromosomen mit den Bausteinen alle in eine kleine Zelle passen, werden sie ganz doll eingerollt. Die einzelnen klitzekleinen Bausteine in einer deiner Zellen wären zusammen mehr als 2 Meter lang, wenn man sie abrollen und in die Länge ziehen würde.

By the way: so that the chromosomes with the components all fit into each tiny cell, they are all rolled up very tightly. The tiny little individual components in each of your cells would be more than 2 meters long if you pulled them out and unrolled them.

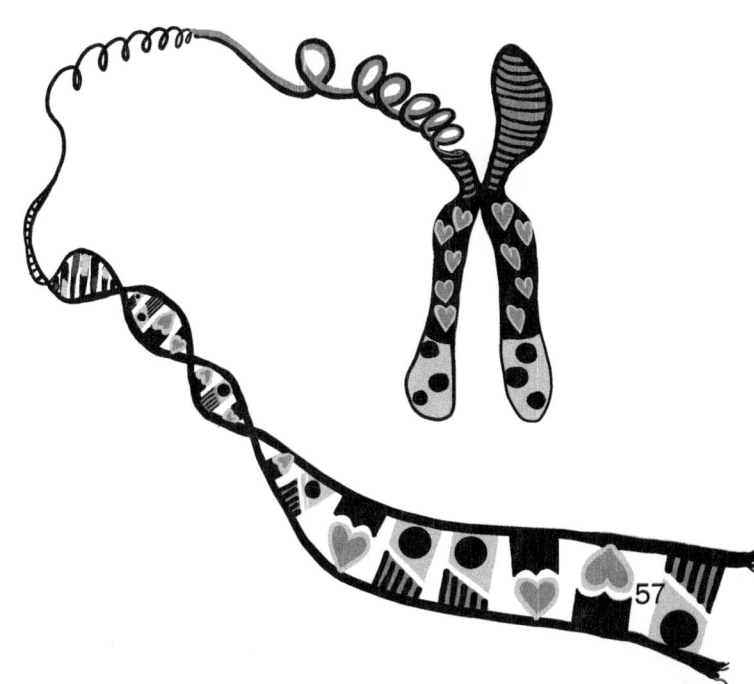

Meine Erbanlagen

Nun kannst du deine Chromosomen bunt anmalen.
Denn jeder Mensch ist einzigartig.

Viel Spaß dabei!

My genetic makeup

Now you can color in your chromosomes using lots of
different colors. Because every person is unique.

Have lots of fun with it!

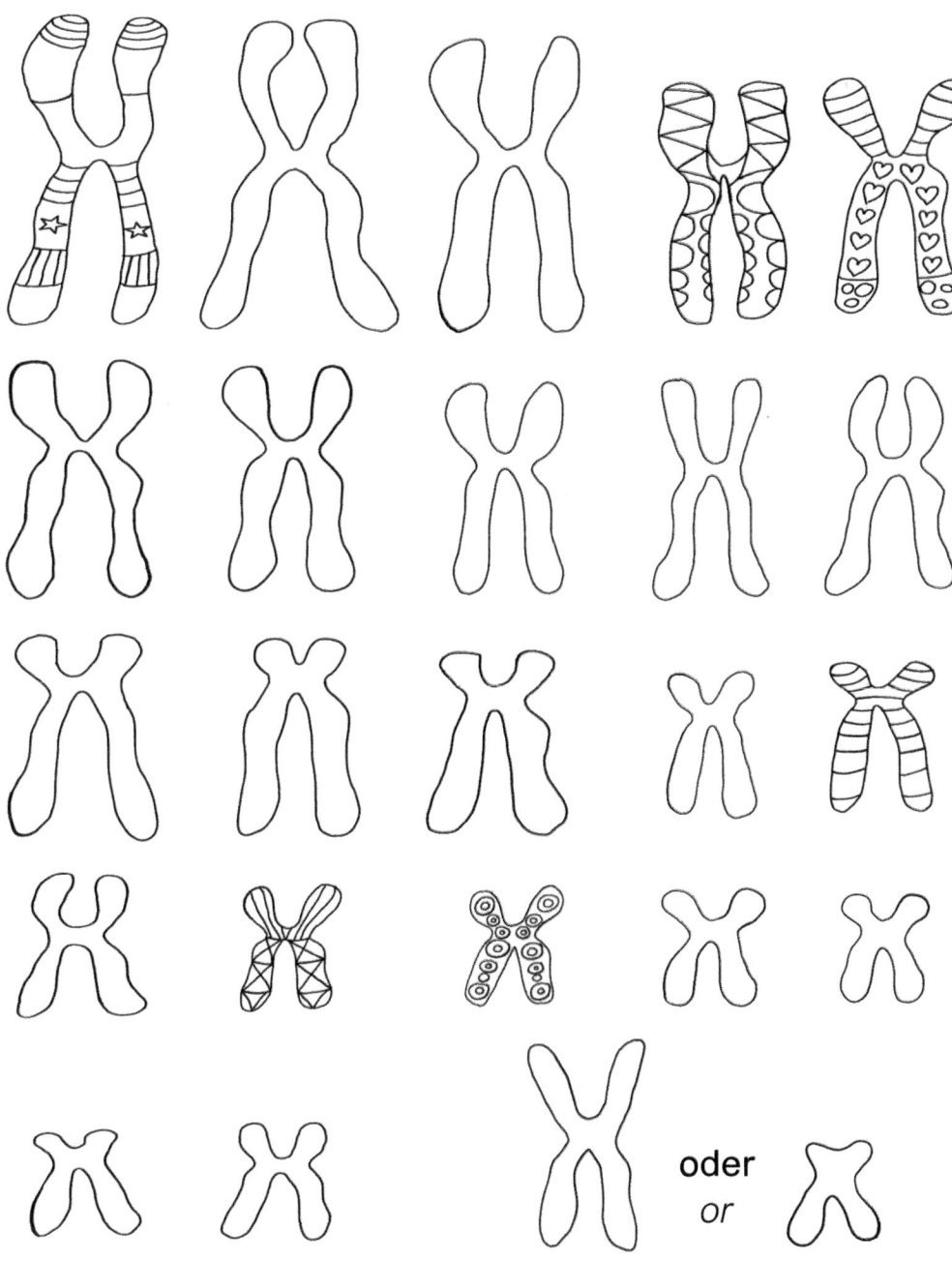

oder
or

Nachwort

Mein Name ist Anika Slawinski. Ich komme aus einem kleinen Vorort von Bremen in Deutschland und bin Modedesignerin.

Als ich meinen Mann Timo kennenlernte, war klar, wir wollen viele Kinder haben. Nach unseren Töchtern Noemi und Pheline kam unsere dritte Tochter Leilani zur Welt. Und mit ihr uns bisher unbekannte Herausforderungen, denn sie wurde mit dem 5p-minus oder auch Cri-du-Chat Syndrom („Katzenschrei Syndrom") geboren.

Das zog uns für einen Moment den Boden unter den Füßen weg, aber dann beschlossen wir, anstatt den Kopf in den Sand zu stecken, zwei Dinge zu tun: Unser Bestmögliches zu geben für unsere kleine, zarte, bezaubernde Tochter und, so gut es geht, normal weiterzuleben. Das ist nicht immer leicht mit einem behinderten Kind.

Nach einiger Zeit trauten wir uns, noch ein weiteres Kind zu bekommen. Leilanis kerngesunder Bruder Liron ist fünf Jahre jünger als sie. Dadurch, dass Liron seit seiner Geburt mit Leilani aufgewachsen ist, hat er einen natürlichen, offenen, aufgeschlossenen Umgang mit ihr. Für ihn war sie nie anders.

Das brachte mich auf die Idee für dieses Buch.

Ich möchte Menschen, insbesondere Kindern, die Angst und Unsicherheit vor körperlicher und geistiger Behinderung nehmen. Kinder stellen meistens besonders viele neugierige Fragen über Leilani: In diesem Buch gibt es die Antworten.

Ich wünsche mir, dass die Bevölkerung mehr Empathie, Verständnis und sogar Hilfsbereitschaft zeigt. Wir Familien mit behinderten Kindern wollen nicht ausgegrenzt werden und können jede Unterstützung gebrauchen.

Man kann sich von Leilani viel abgucken, denn sie scheint die Formel fürs Glücklichsein gefunden zu haben: Sie hat keine großen

(Existenz-)Ängste (nur ein paar kleine), lacht viel, genießt die kleinen Dinge des Lebens und braucht nur ein paar liebe Menschen um sich.

Könnte sie nicht ein Vorbild für uns alle sein?

Anika Slawinski

mit Leilani

Seit 1996 gibt es den Förderverein 5p-minus-Syndrom e.V. für Menschen mit Cri-du-Chat Syndrom, in dem sich Betroffene gegenseitig stützen, austauschen, trösten, medizinische und erzieherische Fragen beantworten und das Ziel haben, das 5p-minus Syndrom weiter zu erforschen. Gerne können Sie den Verein mit einer kleinen Spende unterstützen.

5p-minus-Syndrom e.V. • www.5p-syndrom.de

Epilogue

My name is Anika Slawinski. I come from a small suburb of Bremen in Germany and I am a fashion designer.

When I met my husband Timo, it was clear that we wanted to have lots of children. After our daughters Noemi and Pheline, our third daughter Leilani was born. With her came challenges we had not experienced before, because she was born with the 5p-minus or Cri-du-Chat syndrome (cat's cry syndrome).

It pulled the ground from under our feet for a while, but then, instead of burying our heads in the sand, we decided to do two things: to do our best for our lovely little daughter and, as far as possible, to go on living normally. This is not always easy with a disabled child.

After a while, we dared to have another child. Leilani's brother Liron is five years younger than her. Because Liron has grown up with Leilani in his life from the very start, he has a natural, open-minded approach to her. For him, she was never different. And that is what inspired me to write this book.

I want to take away any fear and insecurity people and especially children may have when it comes to physically or mentally disabled people. Children often ask a lot of curious questions about Leilani: they'll find the answers here in this book.

I would like people to show more empathy, understanding and maybe even helpfulness towards disabled people and their families. We families with disabled children don't want to be marginalized, and we can certainly use the support.

We can learn a lot from Leilani, because she seems to have found the formula for happiness. She has no major (existential) fears, only a few small ones, and she laughs a lot, enjoys the little things in life, and just needs a few kind, loving people around her.

Couldn't she be a role model for all of us?

Anika Slawinski

with Leilani

5p-minus-Syndrom e.V. is a German support association for people affected by Cri-du-Chat syndrome. It was founded in 1996 to give affected families a platform on which to exchange experiences, and to support and comfort each other. It also aims to answer medical and educational questions and to promote further research into the 5p-minus syndrome. You are welcome to support the association with a small donation.

5p-minus-Syndrom e.V. • www.5p-syndrom.de

Anika Slawinski ist verheiratet, hat vier Kinder und ist die Mutter von Leilani. Als selbstständige Modedesignerin, die viele Jahre in den USA und Asien verbracht hat, liebt sie das Nähen, Zeichnen, Malen und Schreiben und will mit diesem Buch bereits Kindern ab 4 Jahren erklären, was ein komplizierter Gendefekt ist. Wenn die Chromosomen verrückt spielen, kommen bei uns Menschen lustige Angewohnheiten und seltsame Vorlieben heraus. Anika hat diese bei ihrer Tochter Leilani über die Jahre genau beobachtet und ein sagenhaft außergewöhnliches Buch für alle Familien mit Behinderten gemacht. „Meine kleine große Schwester" ist aber auch für alle anderen Leute toll zu lesen, denn es eröffnet eine vollkommen neue Seelen- und Erlebniswelt von uns Menschen.

Anika Slawinski is married and has four children including Leilani. As a self-employed fashion designer who has spent many years in the USA and Asia, she loves sewing, drawing, painting and writing. Anika wrote this book to explain to children from early on what a complicated genetic defect is. When our chromosomes go crazy, we may have funny habits and strange preferences. Anika has observed this closely with her daughter Leilani over the years and has now put together an extraordinary book for all families affected by disability. "My little big sister" is however also a great read for anyone, because it opens up a completely new world of the soul and a new world of experience for us all.

Sabine Priess
Illustrationen Hélène Baum

KLAR BIN ICH VON HIER!

Was ein schwarzer Junge in Deutschland erlebt

editionriedenburg.at

Dein Verlag.

Kündigen sich bei deinem Kind die Wackelzähne an? Ist es auf einmal wie ausgewechselt? Sind starke Gefühle an der Tagesordnung und erinnert dich das Ganze an die anstrengenden Trotzphasen der Kleinkindzeit? Weil wir alle im selben Boot sitzen, gibt es diesen Ratgeber. Mit bewährten, alltagstauglichen Tipps wirst du die sensible Zeit des Zahnwechsels liebevoll begleiten. Atme tief durch: Diese turbulente und für dein Kind sehr wichtige Phase geht vorüber! Erfahrungsberichte anderer Eltern, deren Kinder auch gerade in der Wackelzahnpubertät stecken, machen Mut und zeigen: Du bist nicht allein.

Emil Erdmännchen möchte mit seiner Familie und seiner Freundin Carla Chamäleon einen Ausflug zum himmlisch duftenden Beerenstrauch machen. Doch Carla Chamäleon hat keine Lust, und Emil Erdmännchen versteht nicht, wieso. Bevor es zum Streit kommt, taucht Gino Giraffe auf. Was für ein Glück! Das fröhlich illustrierte Mitmach-Bilderbuch „Was brauchst du?" im handlichen A5-Format unterstützt Kinder dabei, Gefühle und Bedürfnisse zu erkennen, um für jeden eine passende Lösung zu finden. Die Gewaltfreie Kommunikation (GFK) hilft dabei, Konflikte zu lösen.

Starke Frauen 1

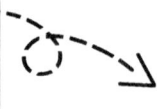

Es gab eine Frau, die hat ihr Leben lang für die Gerechtigkeit gekämpft: Ruth Bader Ginsburg (1933 –2020).

Sie war Professorin, Anwältin und schließlich Richterin am obersten Gericht der USA. Doch weil sie eine Frau war, hat man sie oft unterschätzt.

- Wofür hat sich Ruth Bader Ginsburg eingesetzt?
- Welche Hindernisse musste sie überwinden?
- Wie konnte sie die Menschen überzeugen?
- Was waren ihre Träume?

In diesem spannenden Buch findet ihr die Antworten, auch auf viele weitere Fragen.

In leicht lesbarer Druckschrift. Als Schullektüre und für die Schulbibliothek geeignet. Mit Kreativ-Seiten zur eigenen Gestaltung.

FÜR KLEINE LEUTE MIT GROSSEN IDEEN.